Para ser efectivas, estas posturas de yoga (asanas) descritas e ilustradas en este libro de Shrihat Satva Yoga, requieren los elíxires de sonido que se obtienen gratis con la compra de este libro. Para obtener una copia de esta música hay dos opciones:

A. Para descargar la música puede ir a www.yogaofillumination.com;

B. Para obtener el CD físicamente usted puede:

   a) Enviar un correo electrónico a sj@almine.net dando su nombre y dirección física o,

   b) Llamar 1-877-552-5646 (gratis en los EEUU; solamente ingles).

La efectividad de esta modalidad de yoga se aumenta cuando se hace por lo menos 15 minutos de meditación con un verso de La Poesía del Sueño acompañado esta con la música de los elíxires, antes de empezar el yoga.

SHRIHAT SATVA YOGA

Yoga Para Limpiar Encarnaciones Pasadas

Almine

Sabiduría Práctica para la
Maestría Espiritual

Publicado por Spiritual Journeys LLC

Copyright 2010 MAB 998 Megatrust

Por Almine
Spiritual Journeys LLC
P.O. Box 300
Newport, Oregon, 97365

www.spiritualjourneys.com
Teléfono gratis 877 552 5646

Todos los Derechos Reservados. Ninguna parte de esta publicación se puede reproducir sin darle crédito a Almine como la autora y creadora de este material.

Diseño de Portada por Rogier Chardet

Diseño Artístico por Dorian Dyer
Website: www.visionheartart.com

Diseño interior y plan por Ariel Frallich

Hecho en Los Estados Unidos de América

ISBN 978-1-936926-28-2 (Pasta Suave)
ISBN 978-1-936926-29-9 (Adobe Reader)

Contenido

Recomendaciones... V
Acerca de la Autora VII

Introducción al Shrihat Satva Yoga
Introducción 3

La Poesía del Sueño
24 Versos para Meditación 9
Los 24 Versos 11
El Rollo de Namud 19

Cómo Hacer este Yoga
Método 23
Las 12 Posturas de los Ciclos de Encarnación Más Recientes 25
Las 12 Posturas de los Ciclos de Encarnación Más Antiguos 43
Cierre 61
Epílogo 63

Apéndice I 69
Apéndice II 71

Recomendaciones

"Que experiencia tan invaluable es poder echar una mirada a una de las vidas más notables de nuestro tiempo..."
—H.E. Embajador Armen Sarkissian,
Ex-Primer Ministro de la República de Armenia,
Astrofísico, Universidad de Cambridge, U.K.

"Estoy realmente impresionado con Almine y la integridad de sus revelaciones. Mi respeto por ella es inmenso y espero que otros encuentren el gran valor en sus enseñanzas como yo."
—Dr. Fred Bell,
Ex-Científico de la NASA

"La información que ella ofrece a la humanidad es de una claridad máxima. Ella es totalmente digna de su reputación como la mística líder de nuestra era."
—Zbigniew Ostas, Ph.D.
Medicina Cuántica, Ortobiología Somatidian,
Canadá y Polonia

Acerca de la Autora

Almine es una mística, curandera y maestra que ha viajado por años a través de muchos países, dándole poder a miles de individuos que han sido atraídos por sus enseñanzas de principios metafísicos dados en forma comprensible. En la estela de su humildad y servicio sin interés personal, se han dado milagros que no pueden ser descritos.

En su vida, enriquecida por lo místico y lo santo, se ha visto cara a cara con muchos de los antiguos Maestros de luz, reteniendo una memoria completa de los antiguos lenguajes sagrados ambos en forma escrita y hablada.

Sus enseñanzas están centradas en la idea de que no es solamente posible vivir una vida de maestría y amor, sino que también cada ser humano tiene el derecho, solo por haber nacido, de obtener tales niveles de perfección. Su viaje se ha convertido en uno de aprendizaje a vivir en el mundo físico, manteniendo el delicado balance de permanecer completamente consciente mientras que simultáneamente, se encuentra también expandida completamente.

"Cuando vivimos en el momento presente, vivimos en el lugar de poder, alineados con el tiempo eterno y con la intención del Infinito. Nuestra voluntad se encuentra mezclada con la voluntad de lo Divino."

—Almine

Introducción al Shrihat Satva Yoga

LIMPIANDO CICLOS DE ENCARNACIONES PASADAS

El delfín brinca a través de los aros de la luna.
Anillos ondulan a través de las estrellas.

Introducción

Los ciclos cósmicos de la vida caen en dos categorías: los que pueden ser llamados los ciclos de ascensión y aquellos que son llamados los ciclos de descensión.

Existen doce ciclos eléctricos, masculinos y basados en luz; estos son los ciclos de ascensión. Así mismo, existen doce ciclos de naturaleza femenina, magnéticos y basados en frecuencia. Todas las criaturas han repetido muchas veces cada uno de estos ciclos a través de encarnaciones.

Los asuntos no resueltos en esos ciclos, tales como creencias anticuadas, valores inútiles, memorias de dolor y otras emociones distorsionadas, se presentan en los sueños con el objeto de ser resueltos. Existen veinticuatro niveles de profundidad en el sueño y de esos, los doce más superficiales se comunican con nosotros a través de símbolos en el sueño. Los otros doce estados son femeninos y de sueño profundo; estos estados no-cognitivos no pueden ser interpretados a través de símbolos y producen en nosotros lo que se reconoce como dormir profundo sin soñar. Se comunican a través del arte y de la Poesía del Soñar.

Esta forma poética tan única, se comunica a través de omisiones – aquello que no se dice – impartiendo así los diferentes niveles de profundidad que se revelan así mismos como sentimientos y cualidades. Inclusive, si la Poesía del Sueño usa recursos literarios como asonancias, aliteración, personificación y epítetos sostenidos, su uso tiene un sentido profundo que trasciende lo obvio. Lo mismo se aplica al uso de adjetivos en este tipo de poesía.

Su concisa pero poderosa cualidad descriptiva es reminiscente de la forma poética conocida como Haiku, pero donde Haiku está limitado por una estructura rígida, la Poesía del Sueño no. Haiku proveé la esencia de la simplicidad que se encuentra en la complejidad de las apariencias. La Poesía del Sueño susurra, a través de sus imágenes, los orígenes primordiales del momento.

EL PAPEL DE SHRIHAT SATVA YOGA EN LA OBTENCIÓN DE LA ILUMINACIÓN

Al llegar a un nivel alto de iluminación, el maestro se vuelve un ser andrógino. Habiendo perdido ya todas las otras identidades, ella o él, pierden también la identidad del sexo. Esto se hace al balancear las cualidades proactivas y receptivas en uno mismo. Al resolver los doce ciclos de encarnación femeninos y los doce ciclos de encarnación masculinos se obtiene ese resultado deseado.

En la práctica de Shrihat Satva Yoga, muchos elementos son combinados para facilitar la eliminación de desechos heredados de encarnaciones anteriores.

- Los elíxires musicales tienen un balance exacto de frecuencias negras (subliminales) y blancas, utilizando las potencias alquímicas de frecuencias que balancean y eliminan la ilusión. Son un componente esencial en la práctica de esta forma de yoga.
- La Poesía del Sueño es usada para entrar en estados no-cognitivos de comunicación con los estados más profundos de sueño. Esto permite que asuntos traídos desde ciclos muy antiguos de vida, salgan a la superficie, para ser cancelados por los elíxires de sonido.
- El ritmo de respiraciones y del movimiento de los ojos revelan traumas suprimidos y retenidos. Shrihat Satva Yoga usa esos movimientos para provocar la eliminación de desechos de encarnaciones pasadas.
- Las posturas usadas en Shrihat Satva Yoga frecuentemente requieren el cruce de las extremidades una sobre la otra. Esto se hace con el objeto de facilitar el encuentro de lo masculino con

lo femenino en una androginia de iluminación. Las posturas han sido diseñadas para abrir las compuertas del sueño en el cuerpo[1].

El cuerpo humano es único dado que es un microcosmos hecho en la exacta réplica del macrocosmos de la vida creada. Hay 12 puntos a lo largo del lado derecho, masculino, del cuerpo y el mismo número de puntos se encuentra en el lado femenino o izquierdo del cuerpo. Estas son réplicas microcósmicas de los ciclos macrocósmicos de la vida.

Estas posturas de yoga han sido diseñadas para abrir y eliminar los desechos acumulados en esos puntos – las puertas del soñar. Esto ocurrirá físicamente a través del uso de estas posturas y de la música que las acompaña. La disolución del desperdicio también ocurre por medio de los sueños (ocasionados por las respiraciones y los movimientos de los ojos), eliminando así asuntos pasados que causan los bloqueos en estos puntos.

---

[1] Este tipo de Yoga puede ser muy beneficioso en cierto tipo de Síndromes de Falta de Atención y otros desordenes de la conducta en niños.

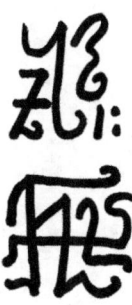

La Poesía del Sueño

LA MEDITACIÓN PARA PREPARARSE PARA EL YOGA

Donde la tierra y el cielo se unen en un blanco sin horizontes, un círculo de bueyes almizcleros se paran solos juntos.

24 Versos para Meditación

PARA LA MAESTRA

Nota: Antes de empezar a practicar este Yoga, cada estudiante debe leer la Renuncia de Responsabilidad que se encuentra en el Apéndice. Los profesores deben mantener una copia en sus archivos.

Se recomienda que se medite en un solo verso durante un periodo de 10 a 15 minutos como preparación antes de empezar la sesión de yoga. Tenga la música de meditación tocando e invite a los estudiantes a llegar 15 minutos antes de que la clase empiece para que se preparen, entrando al salón calladamente y meditando.

La música fue creada con este propósito y es única e irremplazable para este tipo de yoga porque es cantada en la escala de solfeo. Esta escala es la que se usaba en los cantos Gregorianos hasta que fue prohibida por la Iglesia Católica a principios de la Edad Media. Su efecto de liberación de los sistemas de creencias a quien la escuche es profundo.

El instructor de yoga debe tener el verso escogido y accesible a los estudiantes ya sea mostrándolo en letras grandes o dándolo en hojas de papel a los estudiantes cuando entran y se quitan los zapatos.

El método es sencillo. El estudiante lee el verso, vacía su mente para entrar en un estado meditativo y observa simplemente las imágenes que surgen y los sentimientos sutiles que se evocan.

En meditaciones prolongadas, este proceso no puede hacerse más de tres veces en una hora, usando diferentes versos. Los estudiantes necesitan por lo menos 10 minutos de descanso para integrarse a las nuevas cualidades que empiezan a sentir adentro de sí mismos.

En ningún momento debe estarse analizando lo que se está haciendo. Entre mas vacía tenga su mente, más éxito va a tener en sus comunicaciones con la parte no-cognitiva de su psique. Escribiendo aquellas imágenes que se despierten en usted, puede ayudarle bastante. Los estudiantes no deben pensar que han fracasado si en 15 minutos solo han recibido una palabra. Diferentes estudiantes pueden recibir comunicaciones en diferentes formas.

Nota: Se puede dar una sesión especial para dedicarse a los versos. El verso inicial es como un hilo que, si se sigue, lo lleva a uno al laberinto más profundo de la mente. Escriban las imágenes que se forman cada 15 minutos.

Los 24 Versos

El viento del desierto canta la danza ondulante de la serpiente en la arena. Olas de calor se unen en esta alegría.

El viaje fantástico de una mariposa azul, el zumbido insistente de una abeja. Los frutos, como joyas calentadas por el sol, se aferran al árbol de moras.

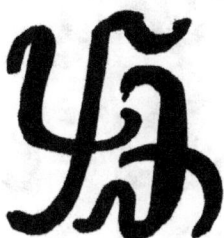

La Luna amarilla observa a la canoa partir el silencio frio del lago. El sonido de los remos flota en el aliento de la noche.

La Poesía del Sueño

Gansos de nieve vuelan a través de los cielos hinchados.
Pinos cargados de nieve esperan en la montaña de abajo.

Donde la tierra y el cielo se unen en un blanco sin horizontes,
un circulo de bueyes almizcleros se paran solos juntos.

Una libélula juega con los últimos rayos del sol.
El petirrojo canta su camino hacia el nido.

El delfín brinca a través de los aros de la luna.
Los anillos ondulan con las estrellas.

Gansos salvajes, como una cadena ruidosa, jalan
la luna desde la red de un sauce llorón.

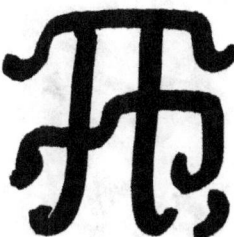

Los campos de maíz, como si fueran campos de batalla cansados,
esperan con aliento abatido después de la cosecha, al mundo
que da vueltas a través de los últimos rayos del verano.

La Poesía del Sueño

El lago congelado descansa en completo silencio.
Las luces del norte alcanzan con dedos codiciosos
a atrapar la caída de una estrella.

En alturas de mareo, las águilas unidas en abrazo
íntimo dan volteretas de pasión y caen a la
tierra. Una pluma suave flota al viento.

El ruiseñor ondula sus notas como si fuesen
cuentas de plata cruzando la bóveda nocturna,
dejándolas caer en el pozo de los deseos.

Con gusto vigoroso, la maleza diente de león, enseña su cabeza
por encima del pasto muy cuidado, para abrazar al sol.

El rocío en las dunas donde los pasos oscuros descansan y
una gaviota en luto da vueltas por el cielo.

Cuatro palomas blancas, luminosas como suspiros, dan
vueltas al unísono en el arco del cielo. Sus sombras,
como si fuesen cuervos, siguen por abajo.

La Poesía del Sueño

Una bandada de palomas grises cuelgan como si fuesen un racimo de uvas desde el enrejado del cielo. Las campanas del monasterio las llaman a casa.

Cúmulos de nubes, formadas como galeones Españoles, van a la deriva en un cielo sin fin, empujándose unas a las otras para ver el nacimiento de los corderos en primavera.

Los narcisos se alborotan y saltan bromeando con la briza traviesa del mediodía. Un ciervo moteado duerme sobre el prado amarillo.

El canto interminable de los grillos, el aliento rítmico del mar, calma a las gaviotas somnolientas hacia un trance hipnótico.

Donde los cielos grises y relucientes se encuentran con el mar, un barquito va a la deriva como una perla en su ostra.

Las moras del árbol del acebo – una sorpresa alarmante para el Viento del Norte inspeccionando su vestimenta de nieve.

La Poesía del Sueño

Arriba de los riscos de piedra donde las águilas vuelan, alas poderosas cruzan los vientos. Un grito penetrante divide el eco de los cielos a través del valle, de un lado al otro.

En las alturas de la Mesa Alta bajo un cielo preñado, las fosas nasales se expanden y caballos salvajes tragan viento.

Capturado adentro de un charco de lluvia se encuentra el cielo nublado – el infinito confinado adentro de lo finito.

El Rollo de Namud

(EXTRACTO)

LA TRADUCCIÓN DEL ROLLO DE NAMUD

Desde la Madre Tierra[2] que llamamos Shalmali, una gran sabiduría fue difundida hacia todas los pueblos de la Tierra. Maestros de Sabiduría llamados Nagas[3], que significa 'puertas de sabiduría' fueron enviados a todas partes, a enseñar. Estos maestros tomaron las tablas del conocimiento con ellos, se separaron en grupos de dos en dos y copiaron estas tablillas de tal manera que pudieron compartirlas con otras personas.

Adentro de los templos llamados 'chaldi'[4] o 'Kaldi' que significa 'paredes' enseñaron el lenguaje de los Nagas a todos. Siete grupos de registros sagrados fueron traídos a través de las montañas (Himalaya) a la tierra de Monassa (India) y colocados en los templos Kaldi en siete ciudades. Los registros fueron mantenidos a través de sabios o poetas divinamente inspirados llamados 'Rishis' y esas siete ciudades fueron conocidas como las ciudades de los Rishis.

Los registros enseñaron yoga, que quiere decir 'compuertas del cuerpo'. El más grande de todos esos registros es el Devi Satva Yoga.

El Devi Satva Yoga fue diseñado para crear iluminación al abrir tres puertas en el cuerpo humano; estos tres cuerpos de yoga son llamados de esta manera: Irash Satva Yoga, Shrihat Satva Yoga and Saradesi Satva Yoga.

Minikva ares prihat uruva hachte.
Dentro del hombre están las respuestas del cielo estrellado.

---

2   Lemuria.
3   Llamados Naguales en algunos lenguajes.
4   Donde la nación Bíblica de Caldea obtuvo su nombre.

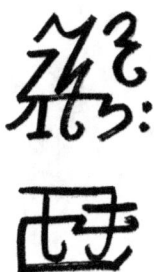

Cómo hacer el Yoga

Gansos salvajes, como una cadena ruidosa, jalan a la luna desde la red de un sauce llorón.

Método

Hay 24 posturas que corresponden a los 24 elíxires armónicos de sonido. Cada postura se mantiene durante la entera duración del elíxir que le corresponde.

Entre a la postura gradualmente si usted no está en buena forma o no tiene una vida atlética activa. Si se marea recuéstese sobre su espalda. De ninguna manera debe hacer algo más que un gentil y cómodo estiramiento. Usted debe estar a una temperatura agradable para estimular la liberación de toxinas. Una almohada puede ser usada de apoyo si es necesario hasta que la flexibilidad se restablezca. El uso de un tapete de yoga es recomendado.

El yoga puede ser enseñado a otros si el instructor es proficiente en su práctica. No es necesario ningún otro entrenamiento porque su efectividad es inherente a sus componentes[5].

---

5 Vea la información pertinente sobre el uso de este material, en el apéndice.

Las 12 Posturas de los Ciclos de Encarnación Más Recientes

Mish tanarech urastu minavit hereshta subit,
kanesh piresa unesta haruvit

Si la vida es un sueño, permíteme ser un soñador
lúcido hasta que pueda despertar completamente

LAS DOCE POSTURAS MASCULINAS
KLANISH HUBAVI

Estas posturas liberan desechos de los 12 ciclos de encarnaciones más recientes y nos hablan en un lenguaje simbólico en los 12 ciclos de sueño más superficiales[6].

1. Postura No. 1 – Klinaveshvi
- Siéntese cómodo con sus piernas cruzadas, su espalda recta y los hombros relajados.
- Estire los brazos hacia adelante, las palmas de las manos hacia afuera.
- Cruce sus brazos sobre sí mismo, manteniéndolos derechos.
- Entrelace las manos.
- Doble sus codos y traiga sus manos entrelazadas hacia abajo, luego hacia arriba y finalmente hacia su pecho.
- Tome una respiración profunda y exhale con un suspiro largo mientras que va bajando la barbilla hacia su pecho cerrando los ojos.
- Mantenga su espalda recta y continúe con las respiraciones.
- Mantenga la misma postura durante todo el elíxir de sonido.

Esto libera al corpus callosum en la mitad del cerebro, de todos los bloqueos de comunicación que existen entre lo masculino y lo femenino.

---

6   El Laberinto de la Luna contiene 144 versos adicionales de la Poesía del Sueño y múltiples símbolos del sueño, usados en la interpretación de los estados de sueños superficiales.

Cómo hacer el Yoga

Postura No. 1

2. **Postura No. 2 – Nek-varavi-esva**
   - Mantenga la misma postura que en la No. 1, levante su cabeza hacia arriba mientras mueve sus ojos hacia arriba.
   - Despacio, baje su cabeza hacia su pecho, moviendo sus ojos hacia abajo.
   - Inhale, cuando la cabeza va hacia arriba y exhale, cuando la cabeza va hacia abajo.
   - Repita continuamente estos movimientos de la cabeza y de los ojos durante todo el elíxir de sonido.

   Esto libera los sentimientos mantenidos en el cuerpo astral.

Cómo hacer el Yoga

3. **Postura No. 3 – Nek-bilaveshvi**
    - Mantenga la misma postura que en la No. 2, mueva la cabeza hacia la izquierda mientras mueve sus ojos hacia la izquierda e inhalando. La barbilla debe mantenerse nivelada.
    - Exhale mientras mueve su cabeza y sus ojos hacia la derecha.
    - Los hombros relajados permanecen hacia el frente.
    - Repita estos movimientos durante todo el elíxir de sonido.

  Esto libera las memorias de entradas auditivas que causan respuestas reaccionarias a los estímulos auditivos.

4. **Postura No. 4 – Nek-savasutvi**
   - En la misma posición que las dos últimas posturas, gire su cabeza de la manera siguiente:
   - Empiece con la barbilla sobre el pecho y los ojos viendo hacia abajo.
   - Mientras que toma un respiro, mantenga su barbilla derecha y gire su cabeza hacia arriba y hacia la izquierda hasta que su vista este completamente hacia la izquierda. Los ojos se mueven desde abajo hacia donde las manecillas del reloj marcarían las 11. En otras palabras, sus ojos verán entre la coronilla de su cabeza y su oído izquierdo.

Cómo hacer el Yoga

- Durante la exhalación, dele vuelta a la cabeza arqueandola hacia la derecha, hasta llegar al un nivel normal, dándole vuelta a los ojos de abajo hacia arriba hasta llegar al medio punto entre la corona y la oreja derecha.
- Repita estos movimientos durante todo el elíxir de sonido.

Esta postura libera las memorias visuales de los ojos y de los nervios ópticos y remueve los desechos obsoletos que continúan afectando nuestras respuestas a los estímulos visuales.

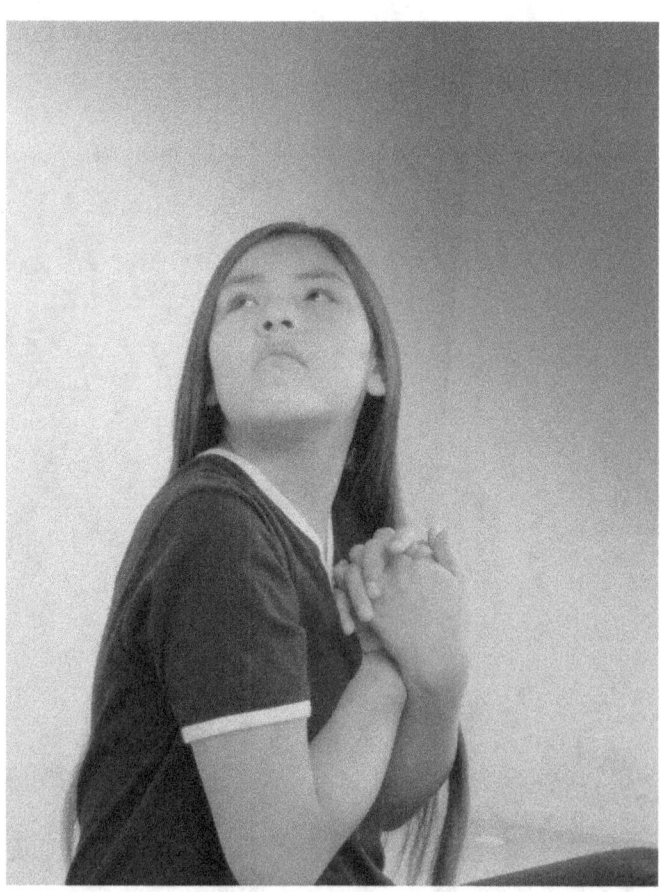

5. **Postura No. 5 – Sihiravat-nesvi**
   - Mientras está sentado, doble sus rodillas y cruce sus tobillos, creando una posición de piernas cruzadas un poco extendidas. Los pies también estarán ligeramente extendidos al frente de usted, las piernas estan relajadas. Asegure sus rodillas con almohadas, si es necesario.
   - Cruzando los brazos uno sobre el otro, sostenga la bola de su pie izquierdo con la mano izquierda y la bola del pie derecho con la mano derecha.

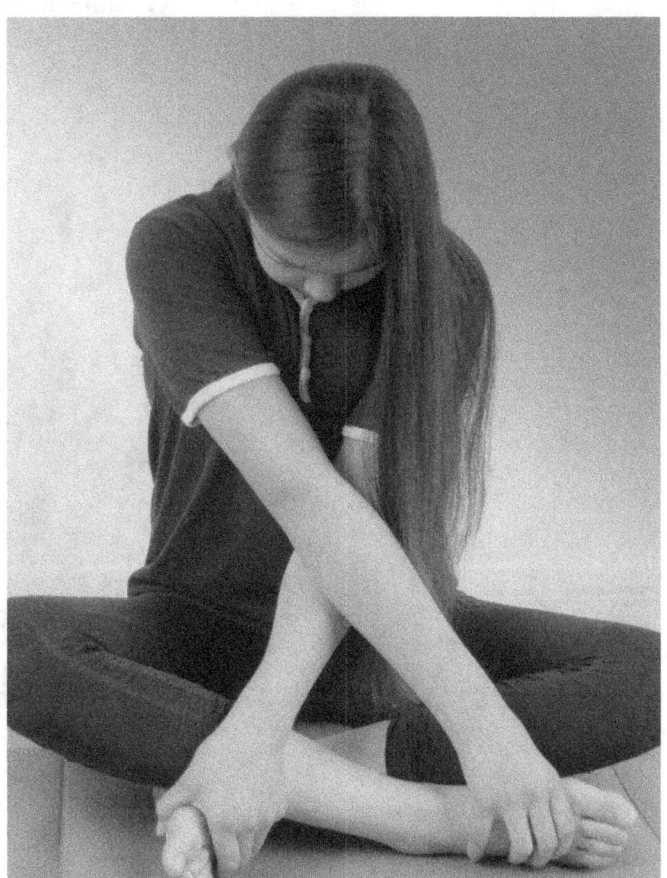

- Con la espalda recta, inclínese hacia adelante estirándose cómodamente y baje su cabeza hacia su pecho.
- Con los ojos cerrados, muévalos hacia abajo lo más que sea posible.

Esto borra los sentimientos de no estar apoyado e de inseguro.

Nota: Si empuja en el centro del pie con los pulgares, justo abajo de la bola del pie, facilita los beneficios de esta postura.

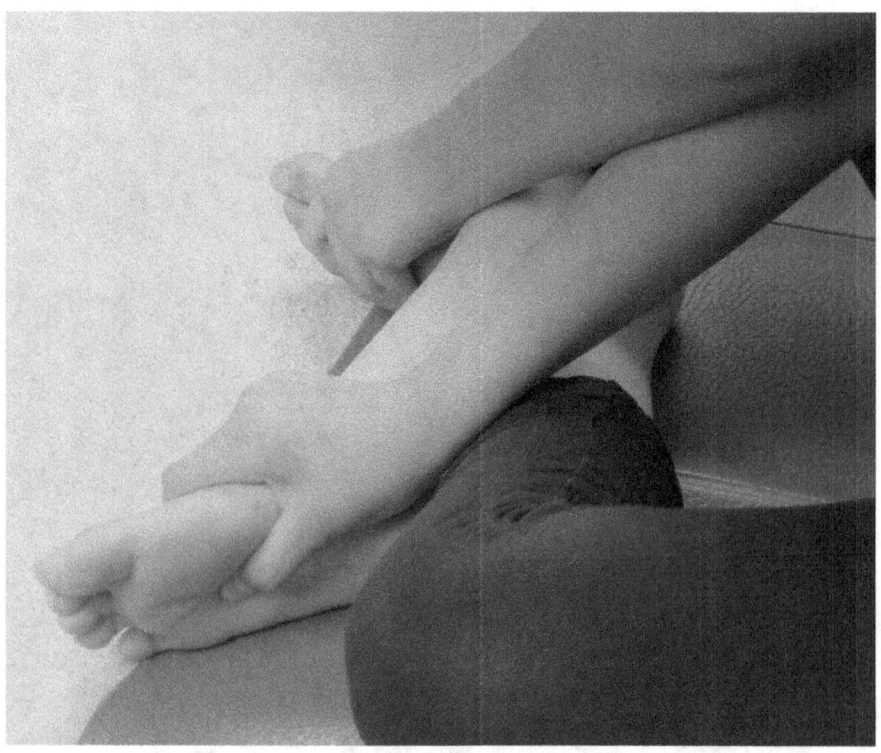

6. **Postura No. 6 – Nichtane-survat**
   - Permanezca en la misma postura anterior pero levante las rodillas sin mover los pies. Las rodillas se mueven desde donde están extendidas, hacia el centro.
   - Con los brazos por afuera de sus rodillas, alcance y tome la bola de su pie izquierdo con su mano derecha y la de su pie derecho con su mano izquierda.
   - Relaje las rodillas dentro del marco hecho por los brazos.
   - Con la columna vertebral recta, levante la barbilla e incline la cabeza hacia atrás para ver tan lejos como pueda cómodamente ir.

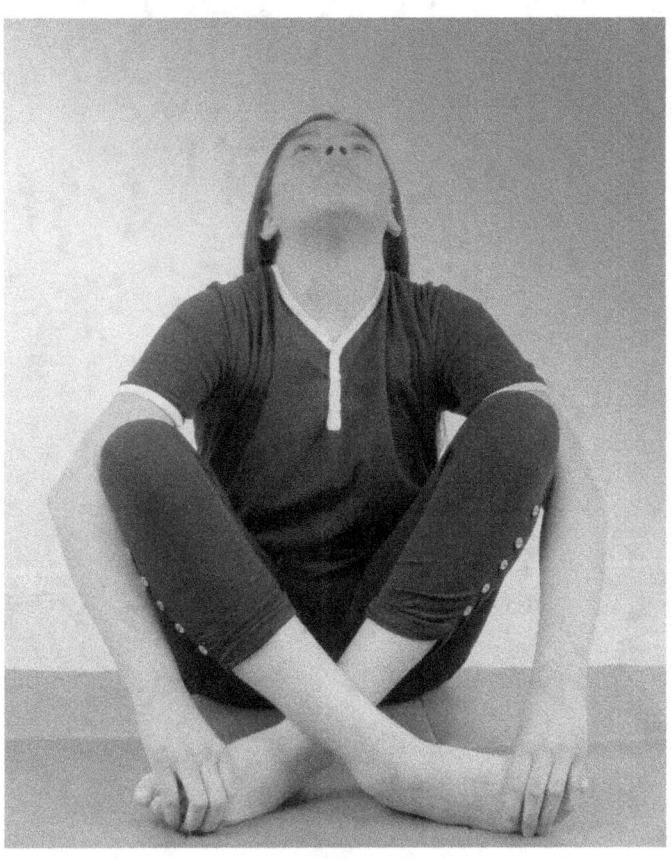

- Mueva sus ojos abiertos hacia arriba.

Esto libera percepciones de excelencia obsoletas y promueve la genialidad, que es el saber sin esfuerzo.

Nota: Si usted empuja con su pulgar, directamente encima de la bola del pie, en el espacio entre el segundo y el tercer dedo del pie, esto aumenta los beneficios de la postura.

7. **Postura No. 7 – Kinavesh-uvasu**
   - Con las rodillas relajadas hacia afuera (asegúrelas con almohadas si es necesario), ponga las plantas de sus pies juntas.

- Con sus brazos extendidos hacia el frente y su espalda recta, inclínese hacia adelante juntando su pie derecho con su mano derecha y su mano izquierda con su pie izquierdo.
- Apriete con sus pulgares aproximadamente 2 pulgadas (5 cm.) abajo de la base de su dedo gordo del pie, justo abajo de la bola del pie.
- Voltee su cabeza hacia la derecha y con su barbilla en su hombro, mueva los ojos en circulo hacia la derecha, durante todo el tiempo del elíxir de sonido.
- Si su cuello se siente incómodamente estirado o si se siente mareado, baje su cabeza hacia su pecho y cierre los ojos.

Esta postura promueve la disolución de las matrices del espacio y las direcciones. La Maestría es vivir en el espacio sin espacio.

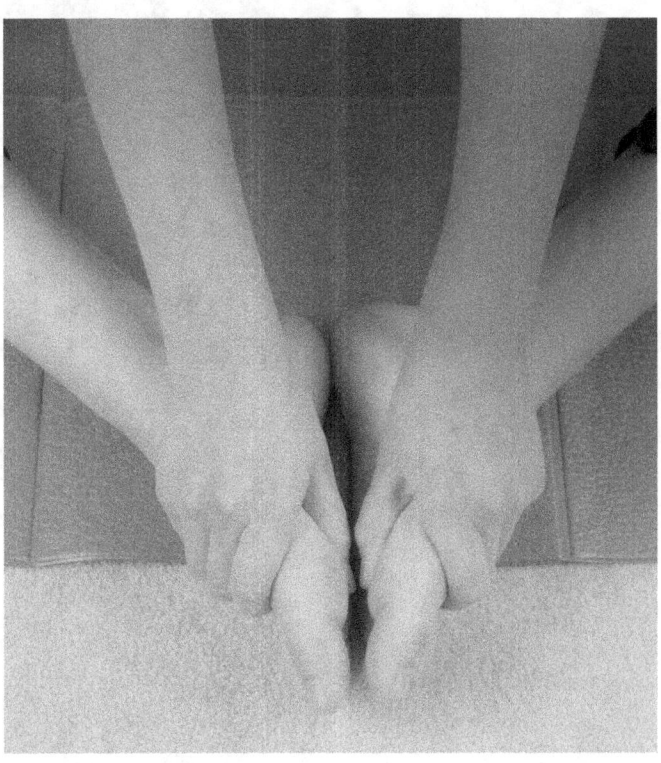

Cómo hacer el Yoga

8. Postura No. 8 – Usatrech-uvasu

- Con las rodillas relajadas hacia afuera (asegúrelas con almohadas si es necesario), coloque las plantas de sus pies juntas.
- Con sus brazos extendidos hacia el frente y su espalda recta, inclínese hacia adelante tomando su pie izquierdo con su mano izquierda y su pie derecho con su mano derecha.
- Apriete con sus pulgares aproximadamente 2 pulgadas (5 cm.) abajo de la base del dedo gordo del pie, justo abajo de la bola del pie.
- Voltee a su cabeza hacia el lado izquierdo y con su barbilla en su hombro izquierdo, mueva los ojos en circulo hacia la izquierda, durante todo el tiempo del elíxir de sonido.

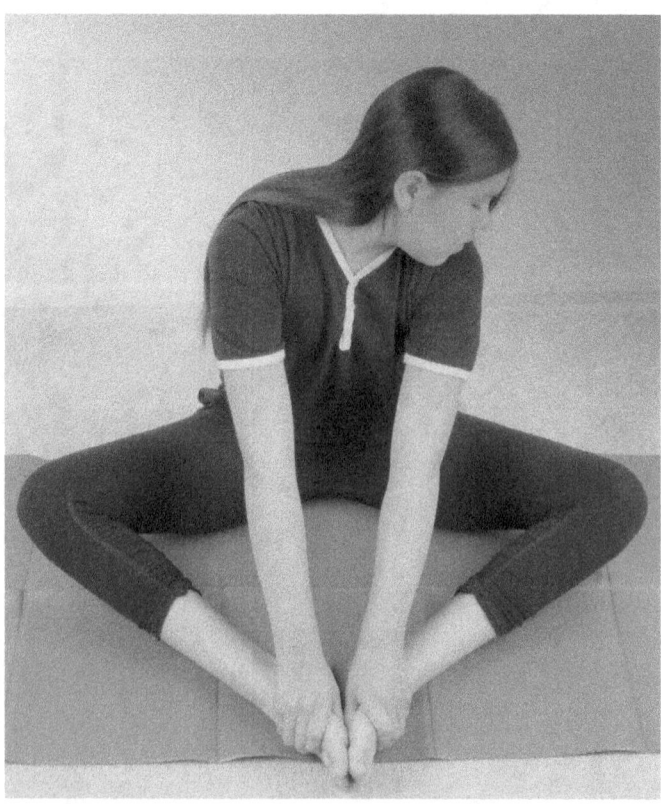

- Si su cuello se siente incómodamente estirado o si se siente mareado, baje su cabeza hacia su pecho y cierre los ojos.

Esta postura promueve la disolución de las matrices del tiempo lineal. La Maestría es vivir en el sin-tiempo.

9. Postura No. 9 – Perivat-huraveshvi
- Acuéstese sobre su espalda derecha con sus pies estirados.
- Manteniendo los pies juntos, doble sus rodillas hasta que, con los brazos extendidos, usted pueda abrazar y detener a las rodillas.
- Cruce los pies.
- Cierre los ojos y con la punta de la lengua empuje en medio del paladar durante todo el elíxir de sonido.
- Respire profundamente inhalando y exhalando el suspiro.

Esta postura ayuda en la curación de las adicciones y de las memorias que crean los patrones de conducta que producen los antojos.

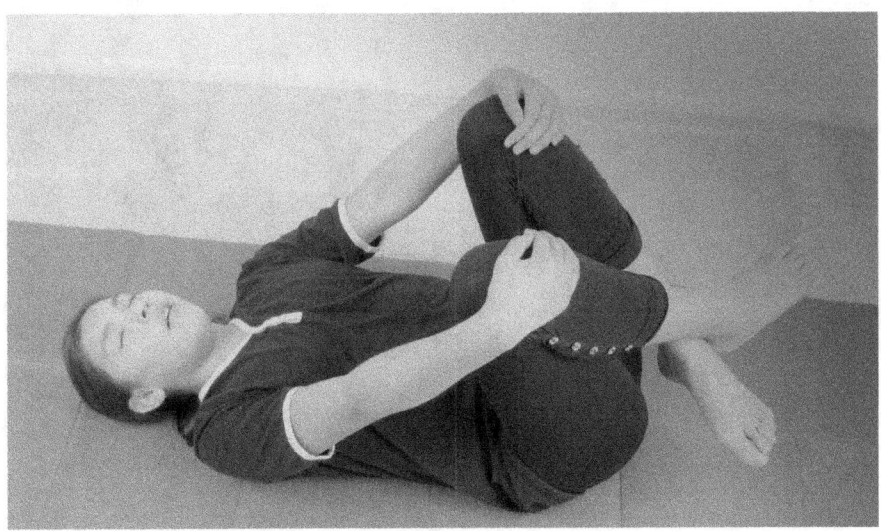

10. Postura No. 10 – Nichstave-huraveshvi

- Acuéstese sobre su espalda derecha, su pierna izquierda estirada y su rodilla derecha doblada. La rodilla apunta hacia el techo.
- Ponga su talón izquierdo (el área más baja del talón de Aquiles) encima de la rodilla derecha en una posición cómoda.
- Mueva la rodilla izquierda afuera, hacia el lado.
- Ponga a sus palmas juntas con sus brazos descansando cómodamente en su pecho.
- Empuje con las puntas de sus dedos suavemente pero firmemente hacia la punta de su barbilla.
- Respire profundamente al igual que en la Postura No. 9.

El propósito de esta postura está descrito en la Postura No. 11.

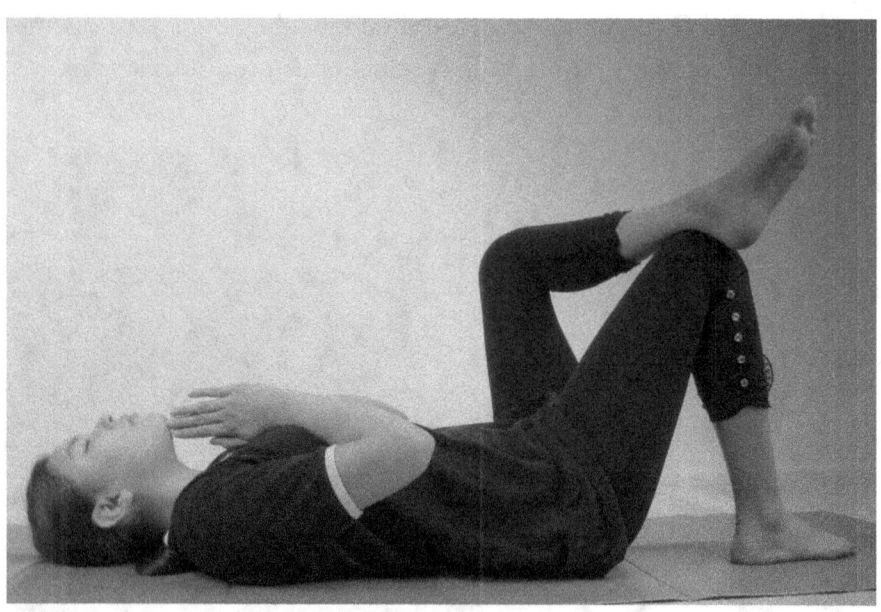

11. Postura No. 11 – Kuranech-huraveshvi

Esta postura es idéntica a la postura No. 10 excepto que las piernas se ponen al revés. El talón derecho esta sobre la rodilla de la pierna izquierda.

Estas dos posturas liberan 'las cicatrices de la psique' – las adhesiones del corazón y los sistemas de creencias que se forman a lo largo de la vida como resultado de trauma.

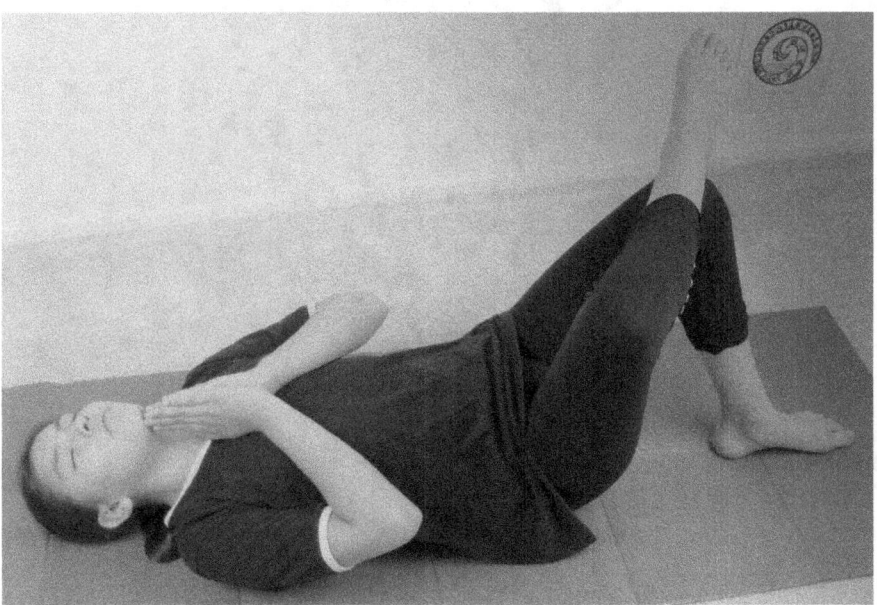

12. Postura No. 12 – Ubalech-spiruvat

- Acuéstese sobre su espalda recta y doble sus rodillas.
- Cruce sus pies y abra sus rodillas hacia el lado hasta que sea cómodo, usando almohadas si es necesario.
- Cruce sus brazos y tome su lóbulo de la oreja izquierda con la mano derecha y el lóbulo de la oreja derecha con la mano izquierda.
- Descanse sus brazos cómodamente sobre su pecho.

- Mantenga una presión constante sobre sus orejas apretándolas con sus pulgares y sus dedos índices.
- Respire profundo como antes.

Nota: La presión en las orejas ayuda a remover las reacciones programadas hacia al estímulo exterior.

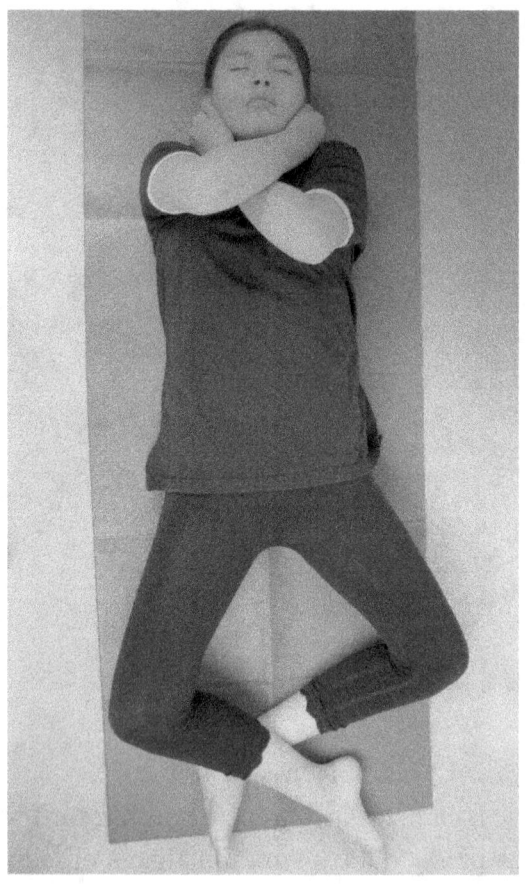

Las doce posturas de los doce ciclos más superficiales o encarnaciones recientes están completas.

Las 12 Posturas de los Ciclos de Encarnación Más Antiguos

Kee-shahat aresbi minach verevaa skubivi. Kanech subetaa area paruhit. Kana su pirate eherevesbi surat.

El Genio se sobrepasa así mismo continuamente. El saber sin esfuerzo es el vehículo. No se someta a estándares pasados.

LAS DOCE POSTURAS FEMENINAS

Keesha arahes pa uhur nanu etaa.
Vires ese mista vu atres rubanes sutaa.

Reclama ahora las joyas que fueron tuyas antes.
Desecha el dolor que ya no te sirve.

13. Postura No. 13 – Sivaru-nanushtaa
- Siéntese con sus piernas cruzadas y su espalda recta.
- Con sus manos extendidas hacia el frente y sus palmas hacia abajo, toque las puntas de sus dos dedos índices y las puntas de sus dos pulgares juntos. El espacio entre los dedos tendrá entonces una forma de diamante.
- Manteniendo sus manos juntas como dicen las instrucciones, colóquelos sobre el área de su pelvis donde el útero de la mujer se encuentra. Las puntas de sus dedos centrales estarán justo encima de su hueso púbico.
- Mueva sus ojos hacia arriba y manténgalos en esa posición durante la duración de la postura. La cabeza se mantiene mirando hacia el frente.
- Respire por la boca en respiraciones cortas, y rápidas explosiones de staccato[7]. Las respiraciones son superficiales y el área abajo del diafragma y alrededor del ombligo se mueve hacia adentro y hacia afuera con el staccato de las respiraciones.
- Al igual que los pulmones, la parte superior del abdomen se expande con las inhalaciones y se encoje con las exhalaciones.
- El ritmo es rápido con el, 'y uno y dos y tres', inhalando cuando se dice el 'y' exhalando cuando se dice el número.

---

7 Toma tiempo mantener este tipo de respiración durante todo el sonido del elíxir. No se desanime si al principio no puede mantenerla durante toda la duración del elíxir.

La respiración es muy importante en esta postura dado que está diseñada para desechar siglos y siglos de traumas de nacimiento.

Postura No. 13

14. Postura No. 14 – Kirinat-subechva-anit

- Repita todo como en la Postura No. 13 pero, con las manos en la misma postura, coloque los pulgares donde las costillas hacen la forma de una letra V. La forma de diamante entre sus manos descansa sobre el plexo solar, el lugar donde se guardan las memorias del descuido maternal hacia nuestro niño interior.
- Recuéstese si se siente mareado.

La angustia de la separación se libera con esta postura y con postura No. 15.

15. Postura No. 15 – Keenan at-ukles-vivresbi

- Repita todo lo de la Postura No. 13, con excepción de:
- Los ojos estarán viendo hacia bajo tan lejos como sea posible.
- La posición de las manos cambia así:
- Lleve sus manos hacia atrás de usted y con las palmas de las manos hacia afuera, colóquelas sobre el sacro, en la parte baja de su espalda, las puntas de los pulgares y las puntas de los índices juntos.
- De nuevo, abra un espacio con la forma de diamante entre sus manos pero con las palmas viendo hacia afuera. Los indices estarán sobre el cóccix.

16. Postura No. 16 – Kluset-miraveshta

El Trauma del pasado se mantiene en el espacio entre las respiraciones causando en casos graves, tartamudeo, falta de aliento, apnea del sueño y aún más síntomas. La técnica para eliminar ese espacio puede ocasionar mareos. Las posturas que usan esta técnica se alternan con posturas de estiramiento para promover la eliminación de las toxinas liberadas a través del aumento del flujo linfático, de esta manera permiten al participante estabilizar su respiración. Tome respiraciones profundas y lentas para evitar hiperventilarse. Detenga esta forma de respiración si se siente mareado.

- Recuéstese sobre su espalda con las rodillas dobladas.
- Cruce sus brazos uno sobre otro y colóquelos en la parte alta de su pecho.
- Levante las caderas arriba del suelo, formando una línea recta desde las rodillas hasta el plexo solar. Use una almohada como soporte si es necesario.
- Los ojos miran hacia abajo con cada inhalación. (Los movimientos de los ojos hacia abajo despiertan memorias dolorosas).
- Los ojos miran hacia arriba con cada exhalación, dejando ir a esas memorias dolorosas.
- Mientras que esta postura se mantenga, tome respiraciones largas y profundas eliminando lo mejor posible, el espacio entre una respiración y la siguiente.

Esta postura tiene como objetivo la eliminación de memorias físicas dolorosas.

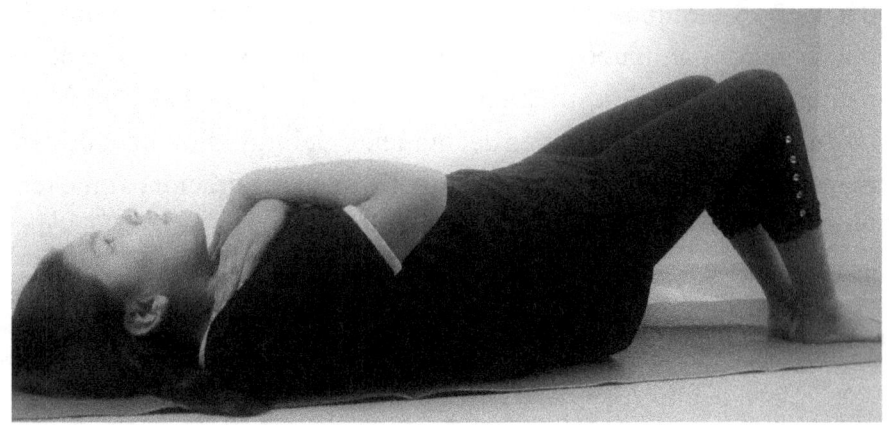

Postura No. 16

17. **Postura No. 17 – Enatve-kluvesh**
    - Acostado boca arriba, ponga sus palmas juntas sobre su corazón, las plantas de los pies juntas y las rodillas dobladas y separadas hacia afuera. Use almohadas para descansar las rodillas si es necesario.
    - Relaje los ojos y respire normalmente. El cuerpo va a relajarse y a estirarse suavemente.

Esta postura aumenta el flujo linfático y desecha toxinas a través de los canales de eliminación.

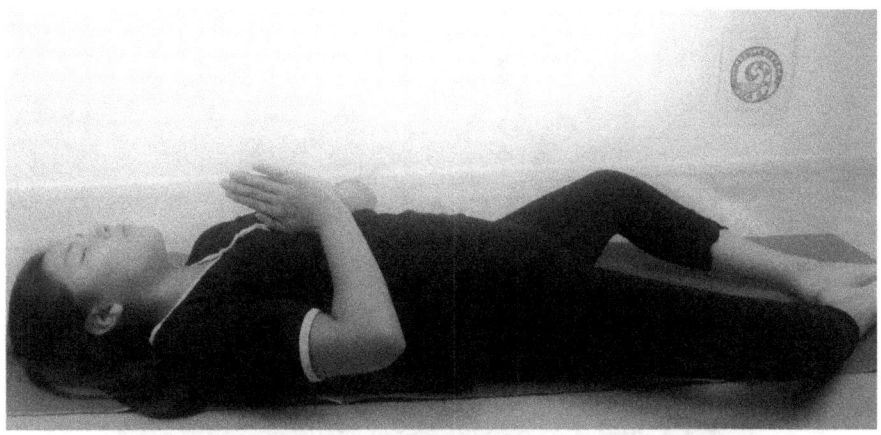

18. **Postura No. 18 – Mishet-aranakvi-husat**
    - Siéntese con las plantas de sus pies juntas, las rodillas dobladas y la columna vertebral derecha.
    - Cruce sus brazos sobre su pecho.
    - Extienda los dedos índices.
    - Doble los otros dedos que quedan y ponga los pulgares encima de ellos.
    - Con los dedos índices, empuje con firmeza en el área dentro de las orejas, directamente junto a la apertura del oído.

- Con los ojos cerrados, tome respiraciones profundas, eliminando el espacio entre respiraciones.
- Mantenga esa presión en las orejas.

Las memorias subliminales y sutiles, producto de los desperdicios acumulados en los puntos de acupuntura del cuerpo, son desechados con esta postura.

19. Postura No. 19 – Anak-bilashet

- Repita la misma posición de la figura No. 18, enlace sus manos atrás en la base de su cabeza (la región de la medula).
- Cruce sus manos una sobre la otra en forma de V, con los dedos apuntando ligeramente hacia abajo.
- Respire despacio y normalmente.
- Despacio, mueva los ojos de un lado al otro repetidamente.
- Mueva sus codos hacia afuera hasta que encuentre un estiramiento cómodo en el área superior del trapecio (hombro).

La médula es un lugar donde hay un almacenamiento significativo de todas las memorias de vidas anteriores. Esta postura facilita su limpieza.

20. Postura No. 20 – Mishet-arelu

Las posturas Arelu en los Números 20 a 24 (Arelu en el lenguaje antiguo quiere decir 'solecito' o 'sol chiquito') son la culminación de las otras 19 posturas vistas previamente. No tienen movimiento de los ojos ni respiraciones, pero usan visualizaciones para limpiar la columna vertebral, el tubo pránico y los campos de luz localizados fuera del cuerpo. Trabajan en una forma progresiva, limpiando la medula espinal y las trayectorias de los nervios al igual que el tubo pránico y el sistema de chakras.

- Sentado con las plantas de los pies juntas y la columna vertebral derecha, coloque las palmas de sus manos hacia arriba, acopladas (formando una copa, con la mano derecha encima de la izquierda), como si estuviese sosteniendo una bola del tamaño de una toronja grande.
- Imagínese esa bola como si fuese de un color azul pálido y colóquela, con sus manos acopladas, encima de su hueso púbico.
- Con cada inhalación vea a la bola subir hasta el ombligo (las manos permanecen sin moverse).
- Con cada exhalación, la bola baja hasta el hueso púbico.

Las 12 Posturas de los Ciclos de Encarnación Más Antiguos

Postura No. 20

21. Postura No. 21 – Klavet-arelu

- Siga las mismas indicaciones de la postura No. 20, pero las manos acopladas que sostienen la bola de luz azul, son colocadas dos pulgadas (5 cm.) abajo del ombligo.
- Con cada inhalación y cada exhalación, la bola se mueve hacia arriba y hacia abajo, desde el ombligo hasta el corazón.

22. **Postura No. 22 – Krivat-arelu**
   - Siga las mismas instrucciones dadas para las posturas número 20 y 21, excepto que en esta postura las manos están acopladas justo abajo del corazón.
   - Con cada inhalación y exhalación, la bola de luz se mueve de arriba a abajo, desde el corazón a la garganta (la parte baja del cuello, donde se traga).

Cómo hacer el Yoga

23. **Postura No. 23 – Michpa-arelu**
    - Repita las instrucciones de las páginas anteriores, pero ponga sus manos acopladas en la parte baja de su cuello, con los codos a un lado.
    - Con cada respiración, mueva la bola de luz hacia arriba y hacia abajo entre la garganta y la parte superior del cráneo.
    - Imagine la bola agrandándose con cada respiración hasta que llegue al tamaño de un plato grande.

24. Postura No. 24 – Paruk-nanastra-arelu
- Mantenga la posición anterior.
- Coloque las palmas de sus manos juntas encima de su cabeza. Visualice la bola de luz del tamaño de un plato grande, descansando encima de las puntas de los dedos.

- La bola permanece inmóvil pero va creciendo más grande y más brillante con cada inhalación, hasta que llega a tener el tamaño de un platón grande de cena[8].
- Al final del veinticuatroavo sonido del elíxir, tome una respiración profunda y expúlsela por la boca.
- Visualice la bola encima de su cabeza explotando con la exhalación forzada y creciendo tan grande como para que su cuerpo entero quepa dentro de ella (inclusive parado). Como en la posición está sentado, la luz se extiende penetrando el piso, debajo de usted.
- Permanezca en un estado relajado, moviendo las manos con las palmas hacia arriba hasta que descansen en las rodillas (mano izquierda con pie izquierdo, etc.).

---

8 Como ha sido representado en el arte de los Sumerios y de los Egipcios, como una forma de iluminación.

Cierre

En el antiguo rollo de Namud se ve la importancia significativa de haber recibido los tres cuerpos de conocimiento de yoga conocidos colectivamente como Devi Satva Yoga, el Yoga de Iluminación.

"Cuando de nuevo ojos que pueden ver
Conozcan el yoga de Saradesi
El tercero sera de tres
Y sera el final de la dualidad"

El regreso a la humanidad de estos tres yogas restaurados anuncia el comienzo del siguiente estado evolucionario de la conciencia humana: La inmortalidad a través de vivir una vida sin opuestos. Cuánto tiempo nos tomará llegar a realizar esto, es imposible de decir dado que el tiempo no existe en realidad. Pero el hecho de que tengamos los instrumentos para iniciar el viaje que nos lleva afuera del Sueño de Dualidad, es motivo de esperanza y gratitud.

Con gran amor, dedico esta información a todos aquellos que traen la luz a este planeta.

—Almine

ALMINE RECIVE UN ROLLO PARA TRADUCIR

(Como se puede ver en la fotografía inter-dimensional)

Tomada en Sedona, Arizona, en Enero 2010 durante las enseñanzas de Almine. Note el rollo en su cabeza.

Epílogo

La limpieza que ocurre durante las posturas Arelu involucra a los chakras necesariamente. Para la conveniencia del estudiante, aquí les damos un resumen del sistema de los chakras.

Los chakras son vórtices de energía que actúan como sistema de comunicación intermediario entre los niveles luminosos del cosmos y el cuerpo físico. La luz es recibida por los chakras que almacenan la energía actuando como condensadores. Una vez recibida la energía, la descargan al componente físico designado para recibir la luz a un ritmo aceptable. El componente físico más importante dentro del cuerpo físico es el sistema endócrino. Sin embargo, cada célula está equipada con su propio sistema minúsculo de chakras.

Cuando ocurre un trauma o un cambio forzado (dolor), se produce un retraso al procesar los diferentes puntos de vista que las experiencias de la vida producen. La acumulación de esos puntos de vista suprimidos crea un bloqueo que actúa como obstrucción en el centro de los chakras. A consecuencia de esto, los chakras de muchas personas tienen una forma cónica por enfrente y por detrás.

A la medida que vivimos una vida con mas examinación propia y vamos extrayendo las lecciones de las experiencias pasadas, los chakras desechan la obstrucción y se vuelven esféricos. Con el tiempo, se forma un campo grande y todos los chakras se unifican. Debido a esta expansión, el sufrimiento, la estimulación sexual, la conciencia expandida y otros sentimientos generalmente localizados dentro del área de cada chakra individual, ahora se sienten en todo el cuerpo.

Cuando el campo de los chakras se unifica, el individuo dispone de mucho más energía además de tener una guía interna mucho más clara y fuerte. La causa de esto es que la obstrucción del cuerpo mental se ha reducido y la influencia de los cuerpos superiores inunda los cuerpos inferiores. Uno empieza a vivir en estado de gracia, a cooperar con el ser superior y a vivir de acuerdo a la intención original para su vida en particular.

Justo antes de entrar a la Conciencia Divina, una experiencia milagrosa transfigura de nuevo a todo el campo unificado de los chakras. El símbolo de este evento se ha descrito desde la antigüedad con una paloma con el pico dirigido hacia arriba, las alas extendidas y adentro de un círculo o una esfera. Esto significa la apertura de cinco chakras adicionales que son utilizados por aquellas personas que han llegado a la segunda etapa (Conciencia Divina) y aún más, a la tercera etapa (Maestría Inmortal).

Los cinco chakras adicionales se abren como resultado de haber incorporado a nuestra vida todas las otras siete actitudes de apoyo[9]. Su apertura sucede en cuestión de minutos a diferencia de los otros siete chakras. Este evento puede estar precedido por síntomas físicos incómodos, como moretones que salen y desaparecen en los puntos de acupuntura más importantes como aquellos de las muñecas.

La experiencia, sin embargo, es feliz y expansiva. Una luz blanca rodea al cuerpo y una llama violeta es visible sobre la cabeza (similar a la descripción del día de Pentecostés en la Biblia). Esta luz tiene una configuración particular que se parece a la de una paloma con un círculo por encima de la cabeza.

La apertura sucede de la siguiente manera:

1. El área del cuerpo donde los ovarios de la mujer se encuentran, explotan con una luminosidad blanca; primero el izquierdo y luego, inmediatamente el lado derecho mientras que los chakras ocho y nueve se abren.
2. Una falda de luz irradia hacia abajo, parecida a las plumas de la cola de la paloma.

---

9 Nota del traductor: Las siete actitudes de apoyo son: Gratitud, Amor, Alabanza, Serenidad, Reverencia, Gracia y Ritmo.

3. Esto enciende el tubo pránico y una gran cantidad de energía se precipita desde la base de la columna hasta la coronilla de la cabeza y la llama violeta aparece.
4. Inmediatamente después, una esfera de luz aproximadamente del tamaño de un plato de cenar, aparece como a 8 pulgadas (20 cm. aproximadamente) arriba de la cabeza. Una luz similar se encuentra en los dibujos de los Sumerios y los Egipcios cuando describen a personas con poder espiritual. El décimo chakra se abre encima de la cabeza.
5. El onceavo chakra se abre en la mitad del omoplato derecho y el doceavo se abre en la mitad del omoplato izquierdo, ambos brotan alas de luz. Seres Angélicos que tienen los doce chakras abiertos han sido descritos como si tuviesen alas por aquellas personas que pueden ver energía directamente.
6. En esos momentos, la configuración de luz entera en esta persona, parece como una paloma con una esfera por arriba de su cabeza. Hay una razón oculta por la cual los antiguos describían a la paloma como encerrada en un círculo. El secreto se encuentra en el nombre que los Lemurians le daban al número diez (recuerden que el círculo por arriba de la cabeza es el Decimo Chakra). El número diez se llama 'lahun' en el lenguaje de Lemuria y en algunos de los otros lenguajes antiguos. "La" quiere decir "todo" ("all" en inglés) y "hun" se traduce como "uno" (la es 'all' al revés y muchos lenguajes todavía tienen palabras como 'un' y 'uno' que quiere decir uno).

El número diez significa todos en uno y uno en todos. (Los Atlántidas también sabían los secretos ocultos en la ley del Uno). La esfera por encima de la cabeza se agrandará más y más cuando vamos progresando a las siguientes etapas de la Conciencia Divina. Al principio se extenderá hasta la cabeza haciendo con la llama dos hendiduras que parecerían 'cuernos' en cada lado de la cabeza (como han sido descritos en el arte antiguo). Con el tiempo, cuando el Maestro Inmortal supera todas las limitaciones mortales, la esfera encierra a todos los otros chakras. Todos están en uno y el uno está en todos.

Tal maestro tiene ahora el vehículo para viajar a su voluntad, con la velocidad del pensamiento, a todas las dimensiones y a través de todo el espacio y el tiempo. La paloma esta en el círculo. El epítome de todo lo que el ser humano puede llegar a ser, ha sido logrado.

Apéndice I

NOTA PARA LOS MAESTROS DE YOGA

Esta forma de yoga puede ser enseñada a otros si el practicante se ha vuelto proficiente en su práctica. No es necesario otro tipo de entrenamiento porque su efectividad es inherente a sus componentes.

Noticia importante de los Derechos de Autor

El material escrito puede ser reproducido y enseñado a otros siempre y cuando se le de crédito a Almine como la creadora de estas enseñanzas. Los elíxires de sonido pueden ser usados para instruir a otros y pueden ser reproducidos para uso personal solamente. No pueden ser puestos a la venta o distribuidos de ninguna otra manera. Pueden ser comprados en: www.spiritualjourneys.com

Apéndice II

DESCARGO DE RESPONSABILIDAD

Spiritual Journeys y/o Almine no incurren en ninguna responsabilidad por algún daño, pérdida o prejuicio en conección con el uso de este yoga y el practicante o instructor de este yoga lo hacen bajo propio riesgo y responsabilidad.

Muchas personas tienen subluxaciones y están mal alineados en su cuello. Un tratamiento quiropráctico antes de practicar el Shrihat Satva Yoga es beneficioso. Los estiramientos del Shrihat Yoga deben ser hechos gentilmente y con cuidado de no torcerse el cuello.

Este yoga no tiene la intención de diagnosticar enfermedades o de dar consejos médicos o tratamientos. Cualquier estudiante que tenga alguna condición médica, inclusive el embarazo o cualquier otra condición relativa a la salud que pueda afectar la práctica de yoga, debe consultar a su doctor o a otra persona calificada, antes de empezar este programa, para obtener la aprobación de participar en este yoga.

OTROS LIBROS ESCRITOS POR ALMINE

Irash Satva Yoga
El Yoga, una disciplina espiritual y física que ha sido practicado con muchas variaciones por maestros y novicios durante miles y miles de años, es universalmente aceptado como una de las herramientas desarrolladas más efectivas.

La forma física del hombre en su estado original tenía la capacidad de auto purificarse, auto regenerarse y auto transfigurarse. A través de una vida prístina y de entrega total, era posible abrir las compuertas del cuerpo, para permitir a la vida, penetrar la forma física y sostenerla permanentemente.

En el IRASH SATVA YOGA, recibido por Almine del Reino Angelico, ésta metodología tan antigua ha sido expandida y mejorada exponencialmente por la incorporación de la alquimia de sonido y frecuencia.

Las posturas, que son muy fáciles de realizar, cuando se hacen al mismo tiempo que se oye la música recibida de las fuentes cósmicas y creada especificamente para cada de estas posturas, hace que se abran las 144 compuertas cardinales de la mente y el cuerpo y así se limpian los desechos y daños, permitiendo que el practicante aproveche la abundancia de la Vida Única.
Publicado: 2011, 110 páginas, cubierta suave, 15 x 23 cm.
ISBN: 978-1-936926-10-7

La Vida en Abundancia
Por el petición popular, las profundas palabras de sabiduría que han cambiado la vidas de mas de 20,000 seguidores diarios del Twitter, que se comunican en lenguajes múltiples, han sido compilados en una forma de libro.
   Trecientos aforismos y mandalas de la Vidente Almine encantará e inspirará a su audiencia mundial.
Publicado: 2011, 169 paginas.
Solamente disponible para descargar en formato digital PDF

Una Vida de Milagros
La segunda edición ampliada
**Llaves Místicas para la Ascensión
incluye una sección adicional de Belvaspata**
Explora el desarrollo de la conciencia espiritual y las habilidades de Almine, desde su infancia en Sudáfrica, hasta el momento en que surgió como una mística poderosa para consagrar sus dones en apoyo de toda la humanidad. Es profundamente inspirador y único cuando compara la relación del hombre como el microcosmos del macrocosmos. Un manual detallado para vivir una vida alegre y equilibrada, así como ofrece una guía cuidadosamente trazada para alcanzar el magnífico destino que nos espera en la cima de toda experiencia humana: la Ascensión.
Publicado: 2008, 316 páginas, cubierta suave, 15 x 23 cm.
ISBN: 978-1934070-14-7

Viaje al Corazón de Dios
Segunda edición
Claves Místicas para la Maestría Inmortal
La cosmología innovadora se revela por primera vez, arrojando nueva luz en los cuerpos de información anteriores, tales como la Tora, el I Ching y el Tzolkin Maya. La explicación de cómo se relaciona al hombre como el microcosmos que figura en "Una Vida de Milagros", el libro anterior de Almine, se extiende de forma nunca antes abordada por los autores de la Nueva Era, dándole un nuevo significado y propósito a la vida humana. Avalado por un Astrofísico de la Universidad de Cambridge y ex-científico de la NASA, este libro es fundamental para lectores que se encuentran en todos los niveles de crecimiento espiritual.
Publicado: 2010, 311 páginas, cubierta suave, 15 x 23 cm.
ISBN: 978-1-934070-51-2

Libros de Almine en español estan disponibles en:
www.alminesabia.com

Página web en inglés:
www.spiritualjourneys.com

www.ingramcontent.com/pod-product-compliance
Lightning Source LLC
Chambersburg PA
CBHW070339240426
43665CB00045B/2249